Pour Justin, Fleur ♡
mes très chers amis

LE CYCLE DE L'ÉCLAIR

bref et intemporel
de chair et de mémoire
d'amour et de mots
et tout recommence
pour que tout dure.

Avec toute ma tendresse,
love,
Elaine

6 novembre, 1996

DE LA MÊME AUTEURE

Soleil noir, Paris, Debresse, 1958.

Pierre-feu, Genève, Poésie Vivante, 1966.

La passion des mots, Montréal, l'Hexagone, 1989.

Pour une éthique du bonheur, Montréal, Les Éditions du remue-ménage/l'aut'journal, 1994.

OUVRAGES COLLECTIFS

Polytechnique 6 décembre, Montréal, Les Éditions du remue-ménage, 1990.

Les femmes et l'information, Montréal, Agenda remue-ménage, 1993.

Pour un Québec sans armée, Montréal, Écosociété, 1993.

Trente lettres pour un oui, Montréal, Stanké, 1995.

Cet ouvrage a été publié grâce à l'aide financière du Conseil des arts du Canada et de la Société de développement des entreprises culturelles (SODEC).

Le Loup de Gouttière
347, rue Saint-Paul
Québec (Québec)
G1K 3X1
Téléphone : (418) 694-2224
Télécopieur : (418) 694-2225

Dépôt légal, 3e trimestre 1996
Bibliothèque nationale du Québec
Bibliothèque nationale du Canada
ISBN 2-921310-67-8
Imprimé au Québec

Élaine Audet

LE CYCLE DE L'ÉCLAIR

POÉSIE

Œuvres de Jeannine Bourret

Le Loup de Gouttière

ÉLAINE AUDET est née à Québec où elle a publié ses premiers poèmes dans la revue *Émourie*, dirigée par Gilles Vigneault. Au cours d'un long séjour en Europe, elle fait paraître deux recueils de poésie et participe à la revue *Poésie Vivante*. Depuis son retour au Québec, elle a publié *La passion des mots* (l'Hexagone, 1989), *Pour une éthique du bonheur* (remue-ménage, 1994) et a collaboré à plusieurs ouvrages collectifs ainsi qu'à la chronique « Mouvement des femmes » de *l'aut'journal*.

Peintre-graveure, JEANNINE BOURRET dirige, depuis 1974, l'atelier de gravure du Moulin des arts de Saint-Étienne-de-Lauzon. Ses œuvres ont été présentées dans différentes villes du Québec ainsi qu'à New York et à Paris, et plusieurs font partie de collections publiques dont le Musée des beaux-arts de Sherbrooke, le Prêt d'œuvres d'art du Bas-Saint-Laurent et la Fédération des caisses populaires Desjardins.

Pour Djahan
et toutes nos vies

UN NOM D'AMAZONE

Sans l'espérance,
on ne trouve pas l'inespéré.

HÉRACLITE

Quand l'aubépine se prélasse sur la pointe du diamant, qu'espérer de la grive disparue ? De grands fauves avaient incendié les jardins déjà ivres d'ambroisie. Le métal dur des pensées fondait sur la langue des femmes pendant que les hommes continuaient à faire des enfants comme on martèle le cuivre. L'ongle du silex valait plus en ce temps rétréci que la paupière archangée d'une panthère.

Partout ils froissaient les chrysanthèmes et marquaient sur le marbre l'avènement des grandes simulations. Imperturbables les femmes continuaient à fleurir les caps d'agréables aigrettes de pluie en abîme. Personne ne pouvait dire d'où venait l'enfant rieur apparu soudain sous l'or de la lionne depuis si longtemps assoupie. Cependant chaque rivière sut comme les lignes de sa main que la lumière était le plus court chemin de la pierre à l'arc-en-ciel.

C'est alors que l'idée même de forêts volup-
tueuses disparut de ma mémoire et je compris
sans erreur possible le nom du lieu où il me fallait
fuir pour retrouver la fraîcheur d'un bouquet de
pensées infusées dans la transparence maternelle de
l'instant.

Mais je me demandais pourquoi le désert n'engendrait-il plus les beaux dahlias bleus et les sombres danubes de la passion ? Comment pouvais-je retrouver mon chemin à travers ces maisons qui maquillaient les larmes de tant de prisonnières coupées de la nuit par des murs très hauts, jetés entre les miroirs profonds où elles auraient pu reconnaître leur commune identité ? Ainsi mes yeux portaient-ils dans leur creux la lueur subversive d'une irréversible insomnie.

C'était un temps où les mots du corps imitaient les coquilles bétonnières, où les villes tels des astres crevés avaient depuis longtemps perdu la couche protectrice de la beauté. Les mots un à un se pétrifiaient dans des jardins en trompe-l'œil défoncés aussitôt par les enfants avec des cris perçants. Que dire des mères remplacées par des couveuses synthétiques aux seins pétroliers si peu adaptés aux ardeurs ludiques des nouveaux-nés.

Celle qui avait un nom d'amazone parlait peu, plus proche de la musique et des frontières ultramarines. L'amour n'est pas tout, disait-elle. Il y avait au fond de ma mémoire une petite fille seule dans un manteau rose qui attendait au pied d'un arbre ce que la route fuyante ne saurait jamais lui apporter. Dès que l'on outrepassait l'amour, les pas aboutissaient à un puits dont l'eau opaque cachait le secret. Savoir était s'y noyer et la mort n'avait jamais cessé de rebuter.

En ces jours déserts je tentais de plonger à l'intérieur de mon être pour voir plus loin que l'humain. Je cherchais une commune racine entre l'éternel et ces fleurs tumorales qui abrègent le souffle. Un désir de lumière courait dans les gènes comme une soif inextinguible. Mèche folle allumée par la mort saura-t-on jamais pourquoi.

Celle que je cherchais restait toujours de l'autre côté du miroir de renaissance en renaissance m'enjoignant de lâcher prise. Flotter sur l'eau comme un bouchon. Si légère cette image tel un bonheur nomade. Voir plus loin, disait-elle. Défier le vertige sans craindre ni le silence ni l'obscur. Le jour où l'univers s'était mis à rêver de mémoire l'humain était né pour mourir en laissant une histoire.

J'ai longtemps marché parmi les femmes et les hommes en reconnaissant sur les visages mêmes peines, mêmes joies, et sur les fronts pareils à des soleils couchants la même empreinte nostalgique de l'unité. Mais je ne savais toujours pas celle-là même que j'étais. Parfois je me disais qu'il me suffirait de déchiffrer l'écriture des métamorphoses en moi pour ne voir que l'aube dans la montée de la nuit. Voir plus loin que ma vie, que la vie, serait-ce enfin voir celle-là même que je suis ?

Je fais souvent ce rêve d'un paysage désertique où des cerveaux artificiels reproduisent sans fin des simulacres de l'amour et de la vie. Leur mémoire tourne à vide. Plus personne plus personne plus personne... Penchée à la limite de la terre je vois la mer et le ciel se confondre. Je ne sais plus si je tombe ou si je vole. L'air est d'une douceur indicible. Je parcours des couches de sons dont il me semble être l'archet. Mon être déploie sa démesure dans l'espace et porte toutes les musiques. La lumière est noire pourtant il n'y a plus d'absents.

Tu rêves d'abeilles volant autour de toi. Tu rêves de vaincre la peur d'offrir la fleur de tes poignets et le pollen déjà fermenté au plus pur de tes mains. Tu rêves d'immortelles sur la braise de ta mélancolie sans la piqûre glaciale de la lucidité. Ta tête se remplit de nids d'abeilles comme une robe du dimanche. La reine te promet mille voyages et te tend l'hydromel d'un éternel instant. Cette douceur sur ta langue te rappelle que les femmes de lune n'ont pas toujours été enfermées dans des livres inédits. Cette eau de vie chante en toi de folles randonnées à dos d'étoiles où les sœurs se reconnaissent par leurs eaux rares et boréales.

Ils ont voulu oublier la volupté de la glaise tournant dans les paumes avec cette odeur de terre et de soleil qui tel l'or des moissons au fond des prunelles perdure sur la peau de nos filles. Voulu occulter le cours des gestations mystérieuses dont la lune a caché le secret dans notre chair. Il ne nous resta plus qu'à manger la pomme d'or avec l'étoile à cinq branches de son cœur voyant.

Le printemps se réveille

Oui je recomposerai tout avec le vent, la soif, la main, l'ombre, le rythme, le mot, la rivière, le trou, l'éclair, la pierre, l'enfance, l'aube, l'eau, la lune et la folie. Je ferai ressortir du blanc de la mémoire les talons de l'éphémère dans le cœur du sable. L'aiguille du remords dans le mystère du rêve, le dos de l'infini dans la nudité de l'amour, les sillons de la nuit dans le remous du départ, la genèse du silence dans l'abîme de la peur.

Je serai vive, entière, tigrée, nomade, diurne, stridente, veloutée, noire, fauve, tombale, solitaire, timide, profonde, ouverte, insomniaque. Je t'aiguiserai, t'ignorerai, te porterai, te poursuivrai, t'imiterai, t'étoufferai, te remonterai, te traverserai, te crierai, te fermerai, te tisserai, te toucherai, te creuserai, te percerai, ô belle et unique vie de la vie !

Un nom d'amazone le goût du désert. Un livre de nulle part venu. La mer à boire. Le pur dans la soif. Un livre à écrire avec le vent. À lire mot à mot dans la paume du temps.

De gauche à droite éros aux profonds remous. De droite à gauche l'âme remue d'entre les murs. L'amour sans amarres le bel amour rare. À peine un murmure ou l'or sur les cils de l'aurore, sombre ramure à l'intérieur de l'œil. Tout juste une mare d'ombre sur la joue nue.

La rumeur d'elle-même s'est tue. Telles les rames dans une mer sans fond, larmes et armes confondues. Ô la peine des mères en travers du cœur ! Désormais sans armures vont les rues. Plus de lames à l'intersection des marées.

LES FILLES DE DÉMÉTER

Je veux que de moi tu tiennes ta créance,
comme je la voudrais tenir de ma mère.
Il y a un bris qui me casse. J'imagine,
je sais une soudure possible, je la
touche pas. J'arrive maladroitement à
m'abandonner. C'est un processus qui
m'épuise. Mon centre craque, ma créance
est en deuil.

Marie SAVARD, *Sur l'air d'Iphigénie*

ci-gît la fille de Proxenos   celle qui
cherche le nom de sa mère sur la
stèle   je regarde ton cœur en miettes
Hégéso   à force de te cogner contre
vingt-quatre siècles d'effroi   et
de désamour partagé   tes pieds
emprisonnés dans un monolithe   ont
lâché prise aujourd'hui   est-ce toi qui
me tombes du ciel   qui marches
silencieusement dans l'espace de
ma vie   exacte comme une pluie de
lumière sur ta peau

Louky BERSIANIK, *Kerameikos*

Pouvons-nous encore aimer, nous unir pour retrouver l'inextinguible jeunesse de la lune, la rousseur de son désir qui fait pâlir le soleil en son zénith ? Notre langue, nos mains, notre mémoire grandiront-elles sur la cendre des livres et les ruines de l'histoire ? Naîtront-elles enfin, ces filles de lumière et d'éclairs, de tant de cadavres d'amoureuses dans les sous-sols de la pensée et de folles enfermées dans les greniers de l'ambition ?

Pour accéder à notre royaume perdu, il faut suivre un couloir aménagé dans la mer à la façon d'un remous ou d'une vague de fond. L'entrée en est marquée par une tache claire qui apparaît à minuit sur les flots quand la lune est pleine. Il s'agit de sauter dans ce trou de lumière pour être emportée jusqu'au cœur de la mer dans une forêt fluide où des croisements savants, des greffes téméraires, ravivent la mémoire délinquante du bonheur.

J'ai l'écriture coulante comme on dit d'un nœud qui se dénoue de lui-même. Par évidence de vie. Je voudrais faire entendre toutes les voix de couleur qui me traversent du fond des siècles de mutisme et d'oubli.

Nos îles refont surface. Forêts fertiles pleines de gazelles agiles englouties sous une pluie monotone et mortifère de chaînes. Forêts labiles dans les tropiques du désir enjambant les siècles comme des lianes de langues au chat trop vite données. Forêts de nos reconnaissances sans paroles, ma sœur, ma toute belle, dont les yeux sont au cœur du commencement. Ma sombre éclairante dans la solitude claire de mes nuits. Forêts englouties, mes îles impossibles, mes atlantides amours enfouies sous l'armure diluvienne des mots.

Vient l'ensauvagée la fille unique drapée dans la splendeur ocre de l'Orient. Droite comme le blé. Cœur de pavot gémissant dans la bouche du volcan. Brûlées à jamais ses lettres de créance, sa vie comme une pierre de lune roule béante dans l'espace aléatoire. L'homme de l'ombre veut la maintenir à l'orée de son histoire, édulcorer la griffe de tigre dans son regard sombre, décolorer le printemps sous ses pas.

Sans fin dans l'été tourne le premier sang menstruel, le coquelicot aux lèvres porté, la déchirure brutale de la terre. Obstinément stérile elle restera. Cœur dénoyauté par la séparation.

Elle parle comme si elle avait été damnée, tannée jusqu'à l'os, découpée en lanières de souffrance par une lame aussi froide et malveillante que lucide. Elle pleure par en dedans. Une lacrymalgie interne sans fin ni lien.

C'est mon père ou l'amant ou l'époux séduc-
teur sage ou guerrier. C'est le même toujours dont
la froide lame tranche entre toi et moi tous les nœuds
d'amour. Ne peut exister le fils sans ce meurtre de
l'entre-nous. M'arrache sans fin à toi mon âme sœur,
ma langue mère, ma lumière natale, ma terre de feu.

Je n'ai aimé que l'amour, dit la fille, n'ai vécu que pour la nuit de nos corps enlacés aussi étroitement que nos pensées. Malgré l'interdit, j'ai voulu te regarder, amant, et percer ton secret. Te voir et non plus seulement te refléter, toi le pénétrant, le mouvementé de ma joie sous les cils clos du plaisir. Ainsi t'ai-je perdu pour t'avoir vu toi le plus que nu, l'à jamais enfant quand tombe l'armure virile du jour.

Passe l'amante à la peau sombre dont les yeux de licorne débordent sur les tempes pour voir au-delà des œillères. Dans les heures bleues de la nuit sa vie venue mourir et renaître sur la rive la plus aiguë de mes profondeurs, là où la joie se déplie en vagues de velours comme si le feu y avait pris langue.

Où est la guerrière travestie, cœur harnaché, fière d'être dans la tête des hommes l'exception tolérée qui justifie l'abus ? Flattée d'être leur égale, leur semblable, coupée à jamais du monde flou et mou des femmes. Sans voir que sous une même pierre théorique ils l'enterreront dans l'oubli, comme toutes les autres avant elle.

Veille l'inconsolable qui pendant neuf jours et neuf nuits erra sur terre et sur mer sans boire ni manger pour suivre le cri d'orge tendre de sa fille noyée dans les ombres. Rendue frigide, stérile, par une incommensurable peine perdue, elle ne cesse d'enterrer le blé dans son sexe devenu sec.

Nous sommes de la lignée subversive des inoublieuses, ardentes multiplicatrices d'énergie heureuse. Soustraites de l'histoire, nous annonçons le temps de l'amour, nos doigts créateurs dans la vibrante crinière du temps. Ne nous perdant jamais de cœur.

La mémoire court comme une mèche allumée sur des rêves hautement inflammables. Rien n'est perdu quand la démarche légère des filles témoigne d'un savoir maternel qui cherche l'embouchure de l'eau et sa tension vers la lumière.

ODE AUX SUR-VIVANTES

*Aux quatorze jeunes femmes
abattues le 6 décembre 1989
à l'École polytechnique de Montréal
au cri de « j'haïs les féministes ! »*

Tout au long d'une interminable minute
[soixante-dix battements
s'égrènent dans ta poitrine
sablier déjà troué de bruit et de fureur

tout au long d'un instant sorti de ses gonds
ton cœur gonflé de son inutile générosité
ton cœur devenu neige
anticipe l'impact définitif de cette froide
[pointe de métal
chauffée à la haine

Saison inoubliable

tu gis dans l'eau terne de ton sang éteint
tes yeux lumineux tes yeux
clairs et clairvoyants restent obstinément ouverts
face à la masse sombre de l'homme
qui n'en finit plus de te cribler le souffle
de son silence de plomb

elle tombe elle tombe en moi ta vie avec
[la transparente douleur des mères
qui la poursuit
et comme un oiseau trouve dans le ciel
[la mémoire des migrations
ton âme
dans la mort réapprend l'alphabet des naissances

je vois ta mère
ses bras traînent à terre d'une telle absence
d'une si irremplaçable perte
tu entends sa voix qui escalade les ténèbres
et ton nom proféré
te rassemble dans l'indifférence de ce qui n'est pas
de ce qui n'est pas encore né

je te vois devenir croisement de pensées
énergie souveraine à soi-même revenue
trouver des milliers de sœurs dans l'espace-temps
tissé de chair par les doigts d'invisibles fées

écouter nuit après nuit le murmure des emmurées
ce bouche à oreille avec le temps
qu'aucun historien n'a daigné retenir
revivre l'inquiétude des longues veilles
où dans la vulnérabilité de l'enfance
flotte encore le parfum hivernal du genièvre

ne vois-tu pas ton nom le mien
le nom de chaque femme écrit en lettres de sang
sur l'ardoise grinçante d'une haine entretenue
[de si loin

sans que tu le saches une envie féroce
désagrège tes rêves
tu cherches encore à comprendre
transpercée par l'obscur éclair
pourquoi sur toi
se venge cet inconnu

comment aurais-tu pu imaginer
que ta seule existence
nie la sienne
la seule odeur de verveine dans tes cheveux
lui fasse injure au point de te vouloir morte

ô jeune vie
ève c'est ton nom
notre nom à toutes
notre nom de fille

garance de décembre
dépouillée de son écorce vive
comme on assassine
la couleur dans la beauté

LA SAISON DE L'APPARTENANCE

Impose ta chance, serre ton bonheur
et va vers ton risque. À te regarder,
ils s'habitueront.

René CHAR, *Rougeur des matinaux,* (1947-1949)

Rose des vents rose de vie, je crie pour m'éclaircir le cœur. Je te nomme pour inventer notre temps. Tu es la chair vive de mes mots. Je ne t'ai pas imaginée. Vienne la cinquième saison, l'éblouie, l'intemporelle, la rebelle. L'inouïe saison de l'appartenance.

Vienne l'attendue inattendue fendant la mer de nos défaites pour que les dépaysés à la langue coupée que nous sommes devenus abordent l'autre rive d'eux-mêmes avec cette joie natale qui dans nos veines chante en rafales. Mémoire d'une terre raptée à l'orée de son histoire.

Vienne la libre saison des vivants brisant les codes et les lois contre les paradis réducteurs, toujours venus d'ailleurs pour acheter notre âme avec des miroirs de pacotille. Comme autrefois fut décimée l'amérindienne harmonie. Folklorisée l'appartenance à la terre et au feu ce dialogue avec la lune qui montait des entrailles des femmes pour inventer la pluie et les moissons. Tout cela que les envahisseurs en complets gris ne sauront enfermer sur leurs disquettes, imiter avec leurs logiciels ni engloutir dans le libre-échange du vide.

Vienne la cinquième saison ciel logique des coureurs de vie. Terre promise fleuve désir. Retour de la mémoire native écrite dans le souffle des femmes avec le nom unique de l'enfant et la légitimité de son devenir.

Le ciel se noie dans la mer

Non je n'exagère pas quand je dis ta voix comme la cinquième saison. L'éblouie, l'intemporelle, la rebelle. L'inouïe saison de l'appartenance. Mémoire séditieuse. Poing fermé sur le dur refus de mourir. Rose des vents rose de vie, je ne saurais autrement te dire le pays qui nous ressemble. Le poème qui nous rassemble en ce temps de reniement. De contagion du néant.

LE CYCLE DE L'ÉCLAIR

Le printemps délivré fut si beau
qu'il nous prit le cœur
avec une seule
main.

Anne HÉBERT, *Mystère de la parole,* (1960)

Nous dans la nuit, regards ouverts retournés nus comme mains à l'abandon. Dans tes bras la parole reflue. Ma tête s'y pose oiseau fou. À l'orée tendre de ton cou mes lèvres écoutent un battement doux. Des soleils tremblent au bout de mes doigts. La lumière s'invente dans mon sang. La turbulence rit dans une eau sans fond. À l'ombre de la joie je feins le sommeil pour te respirer jusque dans les interstices du matin.

Silence de mes mains. Silence de mes mots quand l'or de l'automne coule sur mes reins. Quand le soleil se couche avec un seul nom à la bouche. Quand sous les pas en allés le feu tombe de moi avec chaque feuille nue.

Silence de mes mains silence de mes mots. Automne aux couleurs du désir bouche s'ouvrant dans le soleil moi tombant nue de chaque feuille. Solitaire dans les plis de la nuit où des lèvres hier sur ma peau scellèrent un pacte inédit. Mains et mots me remontant jusqu'au cœur.

Tu poseras tes mots nus sur ma peau avec la tendresse de la soie glissant sur un sein. Je poserai ma main sur ta pensée telle une caresse créole auréolant l'alvéole du silence.

La vie ne se peut inventer qu'à la faveur de l'amour premier. Se réfractant jusqu'à l'aigu du cri. Soutenant l'insoutenable. L'impossible note d'un adagio incessant. Langue de feu purifiant l'esprit. Âme du toucher. Subversion des froids neurones par l'incandescence du poème. Ouverte aux quatre vents la fleur passion dilatation démesurée se mesure avec le temps.

Là où les mots ont l'innocence des cailloux, je reste fidèle à mes cendres. À cette part du feu qui les perpétue.

Si je pouvais enfin inventer le silence pour qu'en apothéose nos corps se rejoignent. Remonter le temps jusqu'à ta bouche. Couvrir de douces laines toute blessure passée ou à venir. Calfeutrer les murs de ma mémoire pour naître nue de la nuit à nous donnée.

Si je pouvais libérer le silence je saurais toucher l'envers de la peur. Rire et vivre sur ta peau la perfection native de l'eau. Si je pouvais devenir silence je remonterais de partout dans ton sang comme un printemps impromptu.

Je voudrais à chaque instant être le lieu de l'éclair.

C'est une chanson inaudible. Du verre cassé dans la gorge. Un oreiller sur le cœur. Un cri à peine perceptible. Chanson de la mal-aimée. De la trop vite consommée, oubliée. Soupirs de femme. Sanglots tus. Malentendu. Malamour de naissance. Vienne l'instant où tu n'attendras plus. Où tu riras enfin de la malédiction de ne pas t'être aimée de si longtemps. Pour une main qui ne savait te lire. Pour un regard qui ne t'a jamais vue.

Cachée dans ma fille et elle en moi, nous étions invulnérables. L'on ne pouvait trouver l'une sans chercher l'autre. Ainsi nous échappions à tous les chasseurs. Malgré les cartes d'identité, l'état civil, les jeux déjà faits, les fêtes grégaires. Nous échappions à l'éclaboussure des évidences.

Parfois quelqu'un organisait des battues pour nous débusquer. Parfois on nous tendait des filets de mots, de sourires, d'appâts. Nous n'étions pas là. Depuis toujours nous avions appris à nous faufiler par le chas de la nuit pour voyager en toute immunité.

Loin là-bas sur le sable doux et roux de l'infinie étendue nous écoutions la mer nous dire inlassablement le chant intemporel de l'inépuisable amour.

Quand se lève le jour dans l'eau éblouie du miroir, j'invente une éternité sur le tranchant d'une larme de fond.

Sur les parois rieuses du cœur l'enfance a oublié de s'effacer. La peau ne sait pas compter, impensable comme la joie. Me reviennent certains mots feux flamboyants dans le foin jaloux d'un seul regard. On se croit toujours au mitan d'un même été où la mer pousse en nous de folles racines de soleil qui nous font une chevelure de commencements à n'en plus vouloir finir.

Je suis là encore dos voûté par l'autre versant de ce mois d'août. Il y a des jours où je flotte dans mes mots après une perte soudaine de pesanteur.

L'avenir est boutonné comme un uniforme.

L'effacée est une bombe à retardement dans l'angle banal du langage. Une langue gitane dans les rainures du silence. Une mémoire de traverse côté pile de la signature. Une joie abrupte debout sur les épaules du passé quand flagrante elle commence à s'aimer.

Démarche hésitante, vulnérable, prête à culbuter corps premier dans l'amère mémoire. Bouche d'enfance recousue sur le cri. Langue collée au palais par l'impunité du crime. Je voudrais remonter ton sang clos jusqu'à l'inaliénable d'entre toi enclos. Je te sais de toujours histoire si douloureusement proche où je ne cesse, écartelée, de nous mourir dans la blessure nodale de toute nuit.

Les poches pleines de roches la peine nous aspire par le fond.

L'indignation laisse tomber sa robe de fulgurance et elle n'a rien dessous. Chaque fois qu'une femme pleure, l'amour va au bout de son sang. Je n'ai plus que la force de l'âge pour me tenir la main.

Je ne s'efface ni n'englobe son objet. Le monde passe à travers ses mailles. *Je* se résume au désir de lier, de lire la trame de l'éternité. Je se noue pour se dénouer. Se laisse traverser par la parole. Vibration singulière. Souffle unique, double visage de l'âme anonyme. Rythme immobile du temps.

Sonorités charnelles dont *je* est l'instrument fasciné. Chute-passion où les mots trouvent leur ignition pour rouler purs sur une surface tragiquement délébile. Lieu de passage et liane d'eau *je* est incapable de ne rien retenir dans un filet de mots troué d'éclairs trop doux pour contenir les bolides du sang.

Elle prend vie à l'intérieur des fissures, interstices, précipices d'intention. De sens. D'intensité
jumelle. Elle refait en elle le tissu cosmique de
l'intelligence s'insinuant doucement dans l'abon-
dance textuelle d'une main.

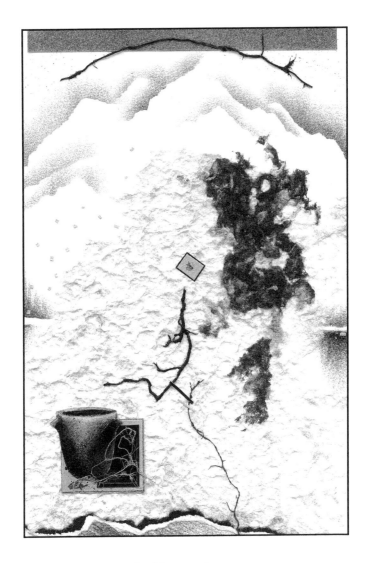

Le blanc neigeux

La poésie est tension vers le réel, traversée des mots, tumulte intérieur, désir incommensurable. Spéléologie têtue où le fond jamais ne s'atteint. Où la pierre rare apparaît cycliquement pour ravir l'âme. Avant qu'il faille repartir une fois encore seule avec un cœur de pioche et sa montagne sur le front. N'avoir rien d'autre que cette langue-à-soi à jamais inédite fondée sur la coïncidence, l'adéquation. Rencontre inespérée, inévitable. Mot à mot de l'absolu.

Ô blessée d'infini
conquérante de poussières de fragments d'éclats
pleure sur la poitrine du temps
qui te propulse
vers ta propre fin.

La nuit est un puits pleureur dans le silence des yeux. La noria des désirs est trop courte et notre chandelle en meurt. Toute montée de poésie caille sous l'effondrement salin du cœur. La nappe frénétique de nos doigts dérive en récurant le futur. Des solitudes entières sont coupées à blanc.

Semblables à ces galets polis par la mémoire en nous est striée l'indélébile trace de nos mortes. Toujours le regard sec des bourreaux, le bûcher, les cendres puantes de la haine. Aujourd'hui l'œil dans le collimateur vise l'éclat même de nos rires.

Elle viendra la visiteuse du soir avec ses belles mains de vent vague souveraine dérivant les rivières de violence, dévalant le val du souvenir. Elle viendra délivrer vif le futur dans le ventre de la peur.

LA VISITEUSE DU SOIR

Il y a toujours l'une d'entre toi
pour rester sourde à ton cri
et l'enfouir vivant dans l'exil quotidien

pour hurler avec les loups
et d'oppression se faire raison ou passion

il y a toujours l'une d'entre toi
pour t'offrir la clé des champs
quand un trou noir te cloue à l'enfance

pour faire de ta vie un vers en souffrance
quand dépeuplée tu poursuis l'impossible

il n'y a plus que l'unique d'entre toi
et l'encre sympathique de la nuit
qui t'écrit dans le vide
comme un beau livre tiré à blanc

TABLE DES POÈMES

Reproductions des œuvres de Jeannine Bourret

Achevé d'imprimer
en septembre 1996 sur les presses
de l'imprimerie H.L.N.,
de Sherbrooke.